les documents internationaux de l'esprit nouveau présentent :

SCENARII

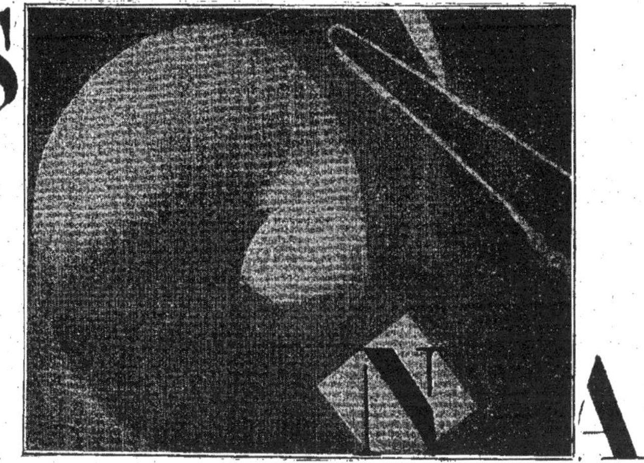

ciné poèmes de b. fondane

avec deux photos de man ray

trois scenarii

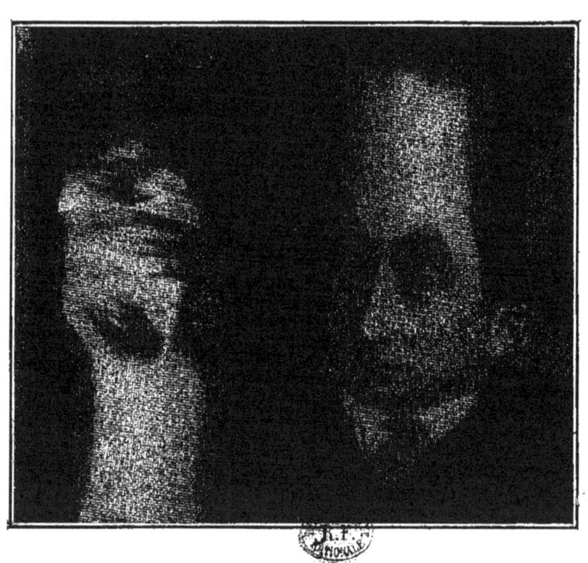

fondane par man ray

b. fondane

trois scénarii

paupières mûres - barre fixe - mtasipoj

cinépoèmes

2 photos de man ray

1928

la couverture avec la photo de man ray
est composée par bratashano

Il a été tiré de cet ouvrage
29 exemplaires hors-commerce, numérotés
de I à XXIX

N°

2 x 2

Si plein de prestiges qu'il soit, le cinéma ne me semble guère promis à un avenir de perfection, je veux dire à un état prochain de fixation, de déchéance. Car ce qui le plus s'oppose au cinéma, qui ne demanderait pas mieux que de s'asseoir, c'est bien l'objectif ou l'appareil qui lui donne naissance, l'objectif qui ne cesse de tirer de ses limbes, de sa précieuse matière grise, pensante, troublante, ce langage de plus en plus précis, plus aigu, dont le moins qu'on puisse dire c'est qu'il n'est point lui, menacé de stagnation. L'objectif a, certes, tout à attendre des ingénieurs, tout à craindre des cinéastes. Il déteste bien plus que nous tous le cinéma — septième art. Il rougit d'être employé à des fins si basses, d'être le dépotoir de la « littérature » mauvaise ou bonne, d'être considéré dans ses résultats truqués plus que dans son essence et de fournir un travail de représentation lorsqu'il est là, tout prêt, pour la création pure. L'objectif contre le cinéma — *voilà le drame d'après-demain.*

Mais le cinéma est né fonction d'une chose dont il ne peut être détaché, qui l'arme d'une puissance terrible et le situe et c'est l'ennui, l'immense Ennui qui ronge le vieux foie des sociétés contemporaines. Plus jeune que ses deux grands précurseurs, le journal et le music-hall, le cinéma eut la chance de naître juste au moment catastrophique où l'homme a commencé de s'apercevoir que tout était à jamais perdu. *Ce n'était guère, par conséquent, le moment d'être* libre. *Les foules modernes voulaient du pain et du cinéma; un stupéfiant — pourquoi pas ? L'ennui, d'exquis vice individuel passa fonction sociale, l'ennui cette unique forme de bonheur particulière aux sociétés capitalistes gouvernées par une morale de perfectibilité infinie par le progrès mécanique.*

Mais la rançon de ce progrès est-ce toi, forme d'exaltation inconnue jusqu'à nos jours, exaltation de toutes les forces destructives de l'homme, tournées contre lui-même, d'un besoin de se fuir qui en est la conséquence, et de cette impuissance à le faire — qui est comme son corollaire ? ALLONS DONC AU CINEMA puisque voici le seul art qui n'a jamais été classique, *et par art classique, j'entends bien un sens intime du réel qui accepte en échange d'une garantie de durée qui le flatte, de subir le dressage par la raison, ses appareils orthopédiques, ses corsets de plâtre, ses masques à gaz et qui répond pleinement aux exigences de l'homme le plus méprisable, le plus misérable que je connaisse, je veux dire, de l'homme classique* (1). *Car, qui préfére-*

(1) *Ce qui est vraiment nouveau dans notre vision du monde c'est que la chose la plus invraisemblable puisse être accompagnée de réalité, nous apparaître comme* vraie; *ma sœur, dans un rêve, voit venir à la maison un petit hydrocéphale qu'elle connaît pour le voir tous les jours au quartier latin et bien qu'elle* sache *que c'est le petit hydrocéphale, elle pense en le voyant : « Qu'est-ce que Mallarmé vient chercher ici ? »*

D'autre part au jugement porté plus haut je ne connais guère de sortie de secours. *Qu'un esprit qui s'est employé à servir une cause puisse être amené à servir une autre, je ne le croirai jamais; chaque esprit plaide éternellement une seule et même cause : la sienne; qu'il y ait donné ses entrailles suffit à peine à nos exigences.*

C'est pourquoi je m'inscris en faux contre certain manifeste

rait à son ennui, Dieu sait combien mortel, combien vorace, tous les plaisirs réunis d'un homme satisfait *de quelque époque que ce soit. C'est une des rares choses qui soient encore à l'honneur de l'homme que son refus de vouloir oublier, mourir à une forme de son expérience, la plus douloureuse, le troc devrait-il lui fournir en échange le sésame ouvre-toi. Je veux bien de la fortune de Rothschild, mais pas de la vie de sa personne,* pas être *Rothschild !* (*Et peut-être l'ennui de Rothschild est-il dix, cent fois plus grand que le nôtre, peut-être est-il proportionnel à sa richesse*).

ALLONS DONC AU CINEMA *puisque malgré sa bonne volonté de ramper au plus bas, l'a. b. c. de sa technique est encore capable de fortifier de mystère la réalité, la plus vile soit-elle. Appareil à lyrisme, par excellence ! Quel rôle ont joué dans l'histoire de l'homme les lettres a. b. c. et ça dépend-il vraiment du nombre de fois dont ces lettres sont entrées dans une combinaison de mots pour que notre destin en sente la bonne ou la maligne influence ? La superstition ne serait-elle que la poésie des pauvres ? Le cinéma est vraiment appelé à créer des superstitions nouvelles, il rend l'inanimé poignant, charrie la réalité* énorme *de son gros plan, accouche de l'arbitraire : il introduit la* notion de la quantité lyrique, *le point de vue du discontinu, le jeu du simultané; il étaye ses jugements de l'homme sur la dimension-durée. Nulle réalité ne saurait lui dérober sa figure — sommes-nous encore à tes vérités, Physique? La sur-impression permet à deux corps d'occuper*

d'hommes de théâtre qui se sont proposé de se servir de Hugo, de Shakespeare, malgré eux, comme bon leur semblera. L'esprit serait-il reversible ? Peut-être n'est-ce pas très malin de croire que les gens sont morts parce qu'on les tue. Et si le poison leur tombait des mains ? si les épouvantails étaient fées ?

au même instant le même point de l'espace; mais elle affirme contre Bergson, passionnément, que deux sensations peuvent être égales. C'est pour avoir impressionné une plaque photographique, que le Radium, il me semble, tenta la découverte et fut appelé à vivre; le cinéma est à l'affût de tous les rayons X; du nouveau, je vous dis qu'il y a du nouveau dans le monde; *il est le premier, à l'appréhender.*

La bascule nous donne la mesure de notre poids apparent; le cinéma, la capacité de notre mouvement réel. *Happé par ses rythmes, nous cessons d'avoir un visage, d'être objets de photo, d'exprimer le provisoire; à partir d'un certain nombre d'images par seconde, le monde extérieur cesse d'être pensé tel quel, s'évanouit; il y va désormais de tout autre chose. Le cinéma se joue de nos préjugés, de l'image qu'après tout, nous voulons conserver de nous-mêmes. Il bouscule tout cela, mais dédaigne ce qui n'est pas cela. Il s'amuse follement à nous modifier, à nous raturer sur le vif, à nous faire mousser, à s'en donner spectacle. C'est nous qui sommes l'objet de sa convoitise, qui faisons ses délices; c'est nous qui sommes son unique proie, le cinéma purement abstrait (absolu) n'étant destiné qu'à jouer un rôle critique : faire l'analyse des éléments purs en présence, marquer une rupture nette avec les arts d'imitation, donner une chiquenaude à l'esprit au cerveau dormant; s'en aller, comme s'en fut le cubisme. Tel relief abstrait d'ARP gagne infiniment à s'appeler « bouteille-nombril », telle danse de blancheurs pures de Man-Ray, de partir d'une boîte de cols. Nous ne pouvons nous intéresser qu'à l'homme et à ce qui le détruit. A la cîme de l'esprit, à son plus grand degré d'absolu, n'importe lequel de nos actes, pris au hasard, ne sera toujours, en dernière analyse, qu'une évaluation* morale *du monde. L'inhumain c'est bien la chevelure de l'hu-*

main, le vide semé exprès avec une peau d'orange, l'angoisse sans figure. L'affirmation du jeune Nietsche que le monde ne saurait se justifier qu'esthétiquement, je ne l'ai aimée qu'aussi longtemps que j'acceptai d'en être dupe; qu''il l'eût cassée, plus tard, je n'en voulais tenir compte; comme lui, je faisais passer pour de l'héroïsme, une première lâcheté. Craignait-il donc tant que cela de connaître la « vérité » sur la tragédie grecque ?

Que le cinéma permette par conséquent à l'homme de regarder plus avant *dans les choses, n'en doutons pas. Mais le Dieu-Cinéma ne saura surprendre ma religion pas plus que tout autre idole. Il ne saurait donner beaucoup plus que la poésie, et dieu sait si la poésie, tant et si furieusement aimée, est capable d'ouvrir sans couteau une seule huître, de tirer le signal d'alarme au moment du danger panique. Le cinéma pas plus que la poésie ne saura nous faire désobéir à quoi que ce soit, il nous entraînera fatalement à toutes les habitudes acquises, à la perte de temps destiné à agir (à quelle fin ?) il acceptera de servir, lui, l'art immoral entre tous, l'hypocrisie des mœurs les plus stupides, les plus américaines. Mais il aura servi — les ficelles de toutes choses s'étant usées — à nous réunir devant un* malentendu, *aussi nouveau que possible, à multiplier les chances de ce qu'on appelle « vivre ».*

Ce n'est pas par conséquent pour corriger le cinéma, le rendre meilleur (qu'il ne devienne pas un art; *c'est tout ce que nous exigeons de lui) que nous proposons à notre tour ce mortier nouveau destiné à ruiner dans les esprits une certaine forme de cinéma, à mettre au monde une certaine autre. Nous y apportons nos scrupules, notre inquiétude, nos dégoûts et notre énergie sans emploi dans le siècle. Au moment de la désintoxication par l'écriture — puisque cela est inévitable —*

nous demandons humblement à ces mêmes moyens, dont l'enigme nous épuise sans s'épuiser elle-même, de vouloir bien prononcer d'autres mots, les nôtres. C'est de notre faute si le cinéma est commercé par tous les marchands du monde. Il a été donné aux plus simples d'être toujours les premiers. Pendant qu'ils allaient au cinéma de confiance et vulgairement s'y amusaient, nous lui avons bêtement fermé l'esprit, nous l'avons méprisé au nom de l'A R T. Pourtant, il suffisait d'y aller pour, du coup, le modifier et nous modifier. Nous modifierons aussi bien l'art du maréchal-ferrant ou la chimie organique. A présent, plusieurs bons esprits veulent tenter l'aventure. Leurs moyens sont plus que de fortune. Je ne gage pas sur leur réussite. Dans le doute je m'abstiendrais de faire imprimer *ces scénarios.*

OUVRONS DONC L'ERE DES SCENARII INTOURNABLES. *Un peu de l'étonnante beauté des fœtus s'y trouvera. Disons tout de suite que ces scénarii écrits pour* être lus, *seront à courte échéance noyés de « littérature » (voyez les traces de ce vitriol dans mes trois cinépoèmes) le véritable scénario étant par nature très malaisé à lire, impossible à écrire* (1). *Mais alors pourquoi m'attacher délibérément à ce néant ? a quelle fin ? C'est qu'une partie de moi-même que la poésie refoulait, pour pouvoir poser ses propres questions, angoissantes, vient de trouver dans le cinéma un haut parleur à toute épreuve. Que vaut-elle ? mais que vaux-je ? On n'écrit plus guère que pour se donner une contenance; on publie rien que pour poser des récepteurs,*

(1) *Imagine-t-on le scénario* écrit *d'Emak Bakia, d'Entr'acte ou à l'autre extrême, celui du Charlot Noctambule par exemple de beaucoup le film le plus pur de Chaplin ?*

jeter son doute dans le plus possible d'hommes, sans espoir d'en trouver du reste (1). *Ecrire : une sorte de faux point d'appui pour gens à qui la timidité a fait perdre leur centre de gravité, comme siffloter dans un salon, parler les mains dans les poches, poser des questions saugrenues à la Rousseau. Y chercher aussi l'équivalent de la délicieuse absurdité — dont l'homme tire vanité après coup — de ce que l'on appelle* « l'esprit de l'escalier ».

(1) *Je compte beaucoup sur cette promesse tombée un jour de la table de Francis Picabia : « nous sommes à la merci de toutes les télégraphies sans fil du monde ».*

Le découpage ainsi que les quelques indications techniques données dans le texte de ces trois cinépoèmes ne sauraient être pris que pour des allusions lointaines à la réalisation cinégraphique; ils ont uniquement été destinés à collaborer à la création d'un état provisoire de l'esprit que la mémoire consume avec l'acte de lire.

paupières mûres

1 une ombre court le long d'un mur mal éclairé
sur lequel court parallèlement une main indicatrice blanche

2 une autre ombre sur le même mur
la main indicatrice court dans le sens contraire

3 la tête d'un réverbère à deux bougies deux flammes dont le regard humain

4 plonge désespérément dans la nuit éclairant comme un réflecteur mobile à droite et à gauche des formes ternes : enseignes vitrines hésite sur

5 un gros morceau de trottoir sur lequel

6 roule un chapeau

7 la trajectoire d'un coup de poing

8 une main ballante gantée de blanc

9 un nouveau coup de poing

10 un pantalon au pli irréprochable fléchit

11 un pantalon de salopette en garde de boxe

12 un nez qui saigne

13 une casquette sur un foulard vus de dos

14 un œil poché

15 la main molle qui essaie d'attraper un bout de foulard mais ne déchire que l'air

16 chute d'une masse

17 une main fouille dans une poche par terre

18 le réverbère très penché au point de tomber considère

19 le chapeau démoli par des coups de pied en sang

20 une explosion de magnésium

21 une vitrine où un mannequin de tailleur livide

22 applaudit follement des deux mains

23 bande mouvante d'un journal lumineux extrêmement lointain illisible puis : PARIS LE... AU BAL DE L'AMBASSADE DE L'ESPAGNE LA PLUS JEUNE INFANTE...

24 une main vulgaire sale immense approche un exquis genou de femme grandeur normale; la main grossit jusqu'à pouvoir contenir le genou dans le creux de la paume

25 mais dans le genou un œil de femme

26 la main diminue se rétrécit se ramasse jusqu'à devenir

27 la main qui bouge d'un vagabond la tête sur les pierres du quai

28 jeu d'une seule enseigne lumineuse dans le champ — puis de deux — de trois —ballet mouvementé (BAR-TABAC — CAFÉ — BIÉRES DE STRASBOURG, etc...)

29 surimpression de l'enseigne BIÈRES DE STRASBOURG sur l'homme endormi

30 en ce moment le tapis vert d'une table de billard vu par une vitre devient vertical avec des billes blanches deux à deux s'accouplant ou se détachant prises brusquement de délire

31 un ventilateur tourne en gros-plan à l'accéléré

32 l'appareil respiratoire de l'homme dont les poumons doucement puis rapidement se rétrécissent se referment se détachent — feuilles mortes

33 le tourniquet d'un café commence furieusement de tourner à vide — puis à plein

33*bis* un homme un second un quinzième sont happés par la porte tournante (le rythme passe de l'accéléré au très lent)

34 un homme couché horizontalement vers le mur couvert d'un couvre-pieds de métal secoué par une forte fièvre

34*bis* l'homme debout vu de dos danse le shimmy devant le zinc d'un bar

34*ter* le jeune homme vu de face derrière le zinc secoue un shaker pour coktails

35 il se regarde dans une glace

36 il y voit sa figure son buste assis à une table

37 sous laquelle deux jambes de femme

38 il tourne la tête pour faire le point où se doivent trouver les jambes

39 les voilà : l'objectif remonte jusqu'à la hauteur de la table sur laquelle

40 un demi vide là soucoupe retournée deux gros sous de pourboire

41 américain de la femme

42 le jeune homme tourne plusieurs fois la tête

43 dans la glace : il s'y voit avec des jambes de femme

44 vers la femme : dont il voit l'image banale

45 un chapeau deux trois accrochés au vestiaire

46 le tourniquet à l'intérieur lâche au ralenti un homme deux trois etc

47 un garçon le coude sur le zinc endormi de chaleur une mouche sur le front

48 gros plan du front avec la mouche

49 en fondu sur fondu une tête à casquette deux trois cinq

50 l'ensemble du groupe autour d'une table

51 le jeune homme vu de dos avance un coktail à la main vers

52 la table de la femme un collier à l'endroit où devrait se trouver la gorge

53 le jeune homme dépose le coktail sur la table

54 mais la femme ne s'y trouve pas

55 il tourne la tête vers la glace

56 la tête de la femme s'y trouve mais posée sur la table

57 gros-plan de la tête faisant nature-morte avec le demi vide la soucoupe et les deux gros sous

58 le jeune homme passe près du groupe des messieurs à casquettes

59 qui couvrent de leurs corps penchés la table d'où sortent ballantes les jambes de la femme d'un côté

60 panoramique pris d'au-dessus de la table depuis les jambes jusqu'à la tête de la femme de l'autre côté — noyée

61 le jeune homme s'approche du groupe penché se penche

62 la femme n'est plus sur la table mais sa gorge seulement en bois solide un collier autour

63 plusieurs mains soupèsent tour à tour une seule grosse perle

64 le jeune homme donne un coup de poing dans le premier visage

65 dans le second visage qui éclate

66 il frappe à la fois les cinq visages qui multipliés par eux-mêmes font multitude
(du 64 au 66 montage très court)

67 cinq trajectoires de coups de poings convergent vers un point unique

68 cinq poings ensemble collés l'un contre l'autre —
qui se défont doucement laissant voir

69 le visage abruti du jeune homme

70 posé sur un jeu d'enseignes mouvantes : GARAGE (vertical) et PHARMACIE (horizontal)

71 il regarde par la vitre du café

72 vu de l'intérieur avec le n° 00/57 sur la face

73 la vitre derrière laquelle — flou — le café se dessine un moment tel quel puis fait un lent mouvement de rotation autour de son centre

74 une table avec des hommes couverts de morceaux de miroirs

75 deux billes puis deux autres à l'arrêt roulent sur le visage vertical du billard d'en haut comme des larmes pour

76 s'aboucher les unes aux autres de haut en bas — flou

77 des hommes marchent vêtus de leurs tables

78 une tête deux trois se détachent des corps assis

79 avancent une à une vers l'objectif grossissent se perdent dans le champ

80 les voici photos découpées collées ensemble sur un tableau collectif

81 une main essuie les photos à l'éponge sur une ardoise luisante

82 sur laquelle des étoiles de mer

83 le jeu d'enseignes mouvantes (sans la tête)

84 rappel de la vitre avec le n° de téléphone à l'envers

85 les étoiles de mer

86 les hommes assis aux tables se jettent des billes à la tête (la même au ralenti)

87 la femme se lève — flou — se dirige vers la porte
(le rythme change devient rapide)

88 le vestiaire très bien garni, se laisse dépouiller à la fois par un grand nombre de mains et reste nu

89 elle court dans la rue

90 cinq paires de semelles courent sur un trottoir de verre

91 le jeune homme après

92 mais il est tout petit devant un véhicule qui participe de l'autobus et du navire

93 il recommence de courir

94 mais une auto en travers de la rue grossit à vue d'œil jusqu'à toucher les deux murs exactement

95 il court mais s'arrête effrayé; la femme

96 est-ce bien cet animal saignant qui tourne de tous côtés pendu à la porte d'une boucherie ?

97 le carreau d'un wagon de train en marche derrière lequel le jeune homme

98 il rame éperdûment dans une gondole

99 il est perché sur le mât d'un bateau

100 il court les yeux bandés

101 sur le trottoir roulant d'un grand magasin

102 il court dans une glace déformante fluet très haut

103 dans une seconde glace trapu obèse

104 dans une troisième etc

105 il grimpe un escalier un alpenstok à la main

106 saute trois à trois les marches

107 l'escalier de bas en haut se déroule annelé infiniment long

108 le jeune homme sur la terrasse de Notre-Dame

109 il se penche sur la balustrade pour voir

110 une femme dans la rue avance vers l'objectif

111 en sur-impression le visage de la noyée

112 rappel de la femme qui avance vers l'objectif

113 elle s'arrête devant une vitrine d'armurier

114 la vitrine

115 un browning seul

116 une main appuie sur le browning qui part

117 elle par terre dans la rue les cinq hommes autour

118 elle se lève à leur étonnement

119 regarde la vitrine

120 où les armes sont flou et commencent

121 le ballet des brownings

122 vue de dos elle a le vertige se retourne

123 s'appuie sur une boîte qui marche

124 au bras d'un ouvrier que l'on voit s'éloigner

125 le jeune homme s'appuie sur une gargouille

126 qui cède
(changement de rythme)

127 un cœur rouge bien dessiné comme dans les cartes illustrées

128 un edelweiss dans le cœur

129 le cœur dans la main du jeune homme

130 l'endroit de la poitrine d'où il vient de l'arracher grosse fleur rouge

131 une main jette le cœur

132 le voici aux pieds de la femme

133 qui regarde se penche ramasse

134 un éventail d'été

135 elle le prend dans la main le considère; il devient tour à tour :

136 un ouistiti

137 qu'elle caresse

138 un phono

139 dont elle tourne la manivelle

140 une fleur de bégonia

141 qu'elle met à la boutonnière

142 le jeune homme la regarde sourit de bonheur

143 il devient un bocal de verre où nagent des poissons rouges

144 la fleur de bégonia devient une souris

145 la femme crie

146 un extincteur d'incendie

147 qu'elle jette par terre

148 une vipère autour de son cou

149 qui lui lèche le visage

150 de peur la femme monte sur un banc

151 le bocal sur la terrasse

152 redevient jeune homme

153 sa tête exprime l'angoisse

154 la femme est sur le banc pendant que

155 le cœur est par terre

156 elle éventre avec un canif le serpent qui

157 l'inonde de sang

158 elle éponge le sang avec un mouchoir qui

159 devient une grosse ortie vivante

160 le jeune homme se penche un peu trop sur le balcon

161 fait une chute le long des murs de Notre-Dame

162 une boule d'ivoire saute du champ de billard par terre

163 l'objectif prend Notre-Dame de bas en haut jusqu'à la hauteur du portail du milieu s'arrête sur

164 le bas-relief de ceux qui vont en enfer entre les diables (la partie avec l'ange dans le flou)

165 gros plan du bas-relief

166 la bille roule sur un tapis sur un trottoir dans la rue

167 s'arrête près du cadavre flou

168 de grosses billes blanches entourent le cadavre

169 un passant vu de dos regarde la victime sans étonnement l'agace de sa canne se penche sur le mort emporte le portefeuille de celui-ci

170 il s'éloigne suivi par l'objectif en marche vers l'Hôtel de Ville

171 l'objectif en marche : deux mains osseuses longues ouvrent le portefeuille

172 tirent doucement la photo de la femme

173 qu'elles jettent dans la Seine

174 une lettre cachetée

175 qu'elles déchirent

176 il arrête pour allumer sa cigarette un passant qui arrive de face

177 dans la poche duquel il insinue le portefeuille pendant que celui-ci cherche un briquet

178 sa tête à la lueur du briquet qu'il allume exprime la frayeur comme si elle reflétait l'autre tête d'en face

179 à la lueur du même briquet on distingue en sens inverse lentement

180 gros-plan : la tête fantastique de l'auteur par Man Ray.

barre fixe

1 Un mur sur lequel en toutes lettres : LIBERTÉ EGALITÉ FRATERNITÉ

2 les trois mots jouent sur le mur, le premier en gros caractères les autres dans le flou

3 les caractères se détachent font des miracles de souplesse pour former des mots mi-intelligibles mi-absurdes

4 une tête suit attentivement ce ballet

5 c'est la tête d'un jeune homme élégant une valise à la main

6 qui est peint sur une affiche-réclame pour la danse

7 sur un trottoir un ouvrier lit un journal

8 la tête du jeune homme se penche hors l'affiche
sur l'épaule de l'ouvrier pour lire :

9 « LA LIBERTÉ »

10 l'ouvrier jette son journal s'en va

11 le jeune homme descend pour le ramasser

12 le feuillette un instant

13 veut reprendre sa place

14 mais un homme vu de dos s'applique à occuper le mur juste devant l'affiche

15 heureux d'être libéré le jeune homme fait une pirouette prend le premier trottoir à droite

16 qui se met à rouler à une vitesse si grande

18 que le jeune homme est plusieurs fois renversé

18 il s'agrippe à la barbe d'un monsieur en marche

19 qui la lui abandonne sans se retourner

20 au sein d'une jeune fille

21 qui lui reste entre les mains avec un morceau d'étoffe

22 à un gosse

23 dont il reste un squelette avec un cartable sous le bras

24 il met tout ça dans la valise; sonne chez la première concierge chez qui il laisse la valise elle lui serre la main sur la porte

25 c'est une vieille chèvre barbue

26 effrayé il se sauve

27 mais le trottoir roule en sens contraire

28 il s'arrête devant une vitrine de tailleur

29 un groupe de mannequins debout de toutes couleurs se met instantanément en marche

30 rentre dans le magasin — tue le seul client

31 vu de l'intérieur du magasin : le jeune homme derrière la vitre prend la fuite

32 à la police la concierge montre la valise et fait la description

39 rappel du 15 : du jeune homme

40 un vieux monsieur explique

41 rappel du 11 : l'aventure de son affiche

42 il déroule une affiche

43 projection de l'affiche offrant 100.000 fr. pour la tête du jeune homme

44 qui pendant ce temps fait la cour de loin à une jeune fille au seuil d'un magasin

45 elle lui sourit

46 il ose s'approcher

47 elle lui fait de l'œil

48 il l'embrasse

49 mannequin elle se casse dans ses mains

50 furieux il brise la vitrine d'un magasin de bas

51 la rangée de jambes se met brusquement à danser

52 il s'enfuit suivi par un gardien

53 leur course

54 le gardien le rejoint demande à allumer sa cigarette à la sienne

55 il entre dans un dancing

56 les couples de danseurs se raidissent mécaniquement dans le mouvement même de leur danse

57 des pancartes partout 100.000 fr. de récompense

58 des mains mystérieuses les déchirent

59 à la police plusieurs agents essoufflés signalent les méfaits du jeune homme

60 un enfant moitié kangouroo dépose une plainte

61 un borgne prétend

62 qu'il lui a arraché l'œil pour le sertir à sa bague

63 gros plan — l'œil de la bague

64 rappel du borgne

65 deux individus expliquent au commissaire que

66 américain en marche : ils se promenaient tous les deux dans la rue lorsque

67 ensemble : le jeune homme survint qui leur détacha les têtes les prit dans ses mains et réflexion faite les replaça en les échangeant

68 dans la rue on s'arrache les éditions spéciales des journaux

69 un groupe penché sur le journal lit : (la découpure du journal d'abord — le sous-titre — puis la photo jusqu'au n° 75)

70 un enfant vient de naître avec la tête du président du conseil (à barbe)

71 un dompteur accusé de concubinage avec une lionne

72 on vient d'ouvrir un dancing dans une église

73 l'ange de N.-Dame a fait pipi sur un passant

74 pendant l'orage d'hier soir une baleine a été aperçue place de la Concorde

75 un monôme d'étudiants bordelais vient de conspuer Dieu

76 visage angoissé du jeune homme

77 qui se jette dans la Seine

78 mais le voici retiré par un pêcheur à la ligne

79 il se tire un coup de revolver devant la statue de Marcellin Berthelot

80 qui touché tombe à terre dans un flot de sang

81 il se jette de la Tour Eiffel

82 mais son parapluie fait parachute

83 (décidément le jeune homme est immortel) son visage est immensément triste

84 au coin d'une rue une fleuriste

85 elle lui offre un bouquet de violettes

86 il prend la boîte de cigarettes en sort une

87 elle lui offre un second bouquet

88 il prend la boîte d'allumettes en sort une

89 dépitée sans plus regarder elle lui offre ses ciseaux

90 il prend le bouquet de violettes et l'accroche à sa boutonnière

91 lui jette une monnaie

92 c'est une flamme qui brûle les mains de la fleuriste

93 il entre dans une pharmacie

94 commande un bock qu'on lui sert

95 au Crédit Lyonnais

96 il choisit dans un catalogue une paire de chaussures

97 le directeur à barbe vénérable sort du cabinet : Directeur — note sa pointure

98 à présent il entre au Jardin des Plantes et contemple les cages

99 au zèbre qui

100 l'amuse il jette un chèque à travers la grille

101 à l'autruche

102 il fait manger un esquimau

103 il jette son bouquet de violettes

104 et applaudit violemment

105 la hyène (dans la cage — l'écriteau lisible d'abord)

106 le singe qui a une tête d'homme angoissée tombe foudroyé

107 par le revolver fumant

108 du jeune homme

109 une jolie femme s'avance dans l'allée

110 une cage vide s'y ouvre

111 sa terreur de voir une femme se promener *libre* dans l'allée

112 courageusement il se dévêt

113 oblige la femme à entrer à coups de cravache dans la cage

114 heureux il la contemple — lui offre un flacon de parfum

115 qu'elle respire ; elle lui tend ses lèvres

116 il s'y risque avec difficulté

117 un long baiser

118 il s'assure de nouveau que la serrure ferme

119 s'en va en sifflotant

120 réclames lumineuses dans la nuit

121 une femme dans un coin de rue lui fait signe

122 il la suit

123 on voit les pieds d'un grand lit chavirer

124 elle dort

125 à côté du lit debout il dénombre sur une table de nuit

126 un râtelier dans un verre d'eau

127 des guiches

128 un œil

129 il ouvre les draps attrape le sein de la femme qu'il tire jusqu'à lui comme un élastique

130 une bouche qui crie

131 de la bouche sortent de petits zéros de plus en plus nombreux grossissants

132 elle sur le bord du lit dans une chemise-bancnote s'étire

133 l'image de la chambre surimpressionnée par le mot : l'amour en petits caractères qui grossissent à vue l'œil s'amplifient couvrent le champ

134 assis sur la bordure du trottoir les jambes dans la rue le jeune homme pleure

135 en surimpression sur lui les roues des autos les autobus les jambes humaines

136 il se voit les yeux ouverts couvert par un troupeau de vaches

137 il essaie d'en traire une au passage

138 mais elle lui donne un coup de pied

139 un gardien lui donne un coup de pied

140 il se relève s'en va mais devant lui un homme à la calvitie luisante

141 ensemble : le jeune homme le suit hébété

142 sur la calvitie de l'homme la réclame lumineuse du Savon Cadum qui s'éteint et s'allume régulièrement

143 les voici devant le mur à l'affiche déchirée

144 le jeune homme hésite entre deux éternités d'ennui : pendant qu'il y pense son double se détache

145 donne un coup de pied à l'homme-réclame juste au milieu de l'affiche

146 affiche avec l'homme à la calvitie lumineuse

147 serait-il vraiment libre ? il embrasse de joie son double qui

148 tourne brusquement la tête et prend la fuite :

149 à toute vitesse, une armée de triporteurs avec des calicots : 100.000 frs de récompense

150 il hésite frotte ses yeux

151 son double reparaît s'approche de l'affiche déchirée y passe sa jambe

152 l'affiche se met à reculer

153 il court après elle

154 mais elle s'éloigne d'autant

155 il devient de plus en plus petit

156 l'affiche de plus en plus grande

157 il devient de plus en plus grand couvre l'écran

158 l'affiche est devenue un point lumineux

159 lui toujours au même endroit près l'affiche déchirée va jouer le tout pour le tout : il sort une monnaie qu'il jette en l'air

160 son visage exprime l'espoir mais lorsque la monnaie est retombée il redevient indifférent

161 tant pis ! il se décide à vivre : l'objectif le suit dans la rue marche normale; il offrira spontanément une cigarette au premier gardien rencontré

162 plan d'une fourmilière

163 c'est la page des Petites Annonces d'un journal; une main s'arrête aux « Offres d'Emploi »

164 quelques enseignes — (les images d'abord longues de plus en plus courtes) : la Cle d'Assurances, Les Assurances Générales, The Insurence, L'Assiguratrice Italiana, Wintherthur, Yorkshire, Gresham

165 vu de dos il fait poinçonner son ticket par un appareil à pointage avec horloge

166 il baise longuement une main

167 c'est la main velue puis le bras la soutane la tête d'un curé

168 sur les marches d'une église

169 le jeune homme avec la statue de Voltaire

170 avec la statue de Voltaire en robe de mariée

mtasipoj

hommage à georges ribemont dessaignes

1 Un couple achève une danse devant une chaise (dans une salle de bal on suppose)

2 premier plan d'un nègre jouant d'un instrument de jazz

3 visage du nègre clignant de l'œil

4 le jeune homme serre la main de la danseuse

5 qui lui passe quelque chose dans la sienne

6 le poing fermé il se retire précipitamment

7 suivi du regard de la danseuse

8 derrière une porte il ouvre la main; c'est une carte de visite

9 gros plan de la carte : M. Ixe — médecin — maladies sans cause

10 deux mains inquiètes retournent la carte

11 ensemble : il avance de dos vers la danseuse la trouve sur la même chaise la pleine lune sur son épaule lui demande des explications; elle ne lui répond pas

12 il tire un coup de revolver en l'air pour attirer son attention

13 elle tombe par terre blessée

14 il se penche vers elle et embrasse violemment

15 la tête du nègre de l'orchestre

16 qui lui fait signe de se taire

17 furieux il le questionne sur la disparition de la danseuse le nègre lui donne un swing un upercut

18 le fait tomber

19 il compte jusqu'à dix le pied sur la poitrine du vaincu à dix il sort un couteau de cuisine rit de toutes ses dents

20 et veut l'enfoncer *au ralenti* dans la poitrine du jeune homme

21 gros plan de l'angoisse de celui-ci

22 l'idée brusquement lui vient de se servir d'un soulier de femme presque sous sa main droite

23 sa main avec le soulier en l'air

23*bis* sa main avec un réveil-matin en l'air

24 le jeune homme saute de son lit dépose le réveil sur la table de nuit rit de la stupidité de son rêve

25 il quitte le lit et se regarde dans une glace

26 où il se voit un bras deux fois plus long que l'autre

27 il arpente la chambre pris de peur

28 court dans l'escalier

29 s'arrête devant une enseigne de médecin; machinalement cherche dans sa poche y trouve bien entendu la carte de visite

30 gros plan de l'enseigne du médecin (le même texte que celui de la carte)

31 dans un fauteuil le coude sur un guéridon il regarde

32 les autres malades du salon (panorama)

33 (ils n'ont hélas ! que des affections naturelles : plusieurs gros plans) un œil rouge

34 un furoncle

35 un tissu cancéreux

36 une femme près de lui laisse tomber un livre

37 tout le monde se penche pour le ramasser

38 il le ramasse sans bouger du fauteuil son bras est quatre fois grandeur nature

39 panoramique : les visages des patients pleins d'effroi

40 ensemble : ils prennent la fuite l'un après l'autre,

41 dans le cabinet du docteur à qui il explique son mal — qui l'aide à enlever sa pélerine

42 il se découvre : ses bras sont égaux

43 le docteur prend sa main droite détachable

44 l'examine au microscope

45 gros plan de la main droite qui a sept doigts

46 le médecin la met dans un bocal d'alcool

47 le jeune homme s'en va

48 une main écrit sur une étiquette : danger de mort

49 au bureau où il travaille le jeune homme écrit de la main gauche

50 de la main droite il frappe sur la table le rythme d'une chanson

51 rythme précipité de la main

52 mais il ne peut pas travailler; il se bouche les oreilles

53 sur la table d'un employé voisin un phono

54 il se lève — s'en va vers la table du voisin

55 et tape un poing dur sur la table *vide*

56 les employés s'esclaffent

57 il se rassied

58 une cliente entre

59 elle demande des renseignements à un employé qui la renvoie

60 au jeune homme (rappel du 49)

61 elle a un visage quelconque; il prend ses papiers –

62 qu'il feuillette distraitement

63 mais l'embrasse déjà sur la bouche

64 sur un banc près la statue d'un satyre

65 qui l'encourage de l'œil
(63-65 montage très court)

66 il lui rend les papiers en souriant

66*bis* une rose rouge paraît à sa boutonnière

67 il lui offre galamment une bouteille d'encre

68 la femme devient jolie

69 plus jolie

70 très jolie

71 et lui donne une forte giffle

72 elle descend un escalier

73 il descend un escalier

74 elle marche dans la rue

75 il marche dans la rue

76 au coin de la rue elle traverse

77 mais une femme derrière elle

78 tourne le coin

79 le jeune homme après elle

80 la jupe de la femme devant lui

81 la gélatine transparente d'une méduse danse sur le trottoir

82 elle court

83 il court après elle

84 elle ralentit

85 il ralentit

86 devant un magasin de cannes

87 il achète un alpenstock en hâte jette sa canne

88 devant un chapelier

89 il prend une casquette de voyage jette son chapeau

90 la femme devant lui

91 au coin de la rue elle traverse

92 mais une femme derrière elle tourne le coin

93 le jeune homme après elle nettement changé plus mûr (rythme plus lent)

94 rappel du 81 : danse de la méduse

95 elle court

96 il court après elle

97 sort de la poche un thermos

98 boit pendant la marche

99 remet le thermos dans la poche de son veston impeccable

100 en sort un sandow

101 fait quelques exercices

102 prend à une fruiterie un bouquet de chou-fleur

103 qui devient dans sa main un gros bouquet de fleurs

104 la femme devant lui

105 au coin de la rue elle traverse

106 mais une femme derrière elle tourne le coin

107 le jeune homme la suit très changé aspect d'un homme de 40 ans (rythme lent)

108 rappel du 81 : danse de la méduse

109 elle court

110 il court à bout de souffle

111 elle ralentit

112 fourbu il prend un foulard à un magasin jette son col

113 il met de gros tampons de coton dans ses oreilles

114 essaie de s'asseoir à une table de restaurant sur un trottoir déplie une serviette

111 mais se remet en marche la serviette à son gilet

116 la femme devant lui

117 une auto les sépare

118 mais une femme lui sourit dans l'auto

119 il suit automatiquement l'auto (au ralenti)

120 mais son aspect est autre; il a l'air d'un pion de lycée de province un parapluie sous le bras

121 un œil de bœuf en marche partant de l'objectif vers le lointain la tête de la femme qui regarde l'objectif dans le cadre : c'est la voiture qui s'éloigne rapetisse s'arrête

122 il part de l'objectif vers le lointain au ralenti vu de dos et s'arrête près de l'auto

123 la méduse dans voiture

124 il entre dans la voiture elle retire ses jambes

125 il est seul dans la voiture

126 tâte la présence de l'inconnue
dans la voiture un sac de femme

127 une carte — une adresse

128 il donne l'adresse au chauffeur par l'appareil de l'intérieur

129 l'auto stoppe devant une porte

130 il lit les enseignes sur la porte

131 il veut s'engager dans le corridor

132 mais une jeune femme passe lui sourit tourne 3 fois la tête

133 il abandonne son projet la suit (les deux au ralenti)

134 mais il est à présent tout à fait vieux

135 il change dans la rue de râtelier

136 il se coiffe en marchant d'un « crâne »

137 il prend à une devanture un gros flacon de parfum

138 qui devient dans sa main une bouteille d'encre

139 rappel du 81 : la femme-méduse devant lui

140 la femme tourne le coin de la rue

141 une autre venant en sens inverse le croise le dépasse et s'engouffre dans une maison

142 c'est celle-là qu'il va suivre : il s'arrête hésite retourne délibérément sur ses pas avance vers l'objectif

143 elle referme une porte

144 la méduse en sur-impression sur la porte

145 il sonne on lui ouvre

146 une vieille proxénète le reçoit (qui à la tête du nègre) le fait asseoir ouvre une draperie

147 toutes les femmes qu'il avait suivies alignées de dos

148 il veut se relever du fauteuil mais une forte main le rassied

149 la proxénète donne un ordre

150 la première femme se retourne doucement
une surface de miroir où il voit sa première tête

151 c'est le tour de la seconde qui se retourne
c'est un miroir avec sa deuxième tête

152 la troisième porte la tête du vieux sur un plateau

153 la quatrième s'approche de lui sur des roulettes

154 mais il s'y voit vieux tousse et remplit de bave son image

155 la cinquième se tourne doucement

156 mais le vieux s'est levé furieusement détourne la tête s'en va

157 la cinquième c'est la danseuse

158 rappel n° 7 : son regard suit la tête du vieux

159 qui descend l'escalier

160 elle s'en va vers une armoire l'ouvre

161 sort un bocal avec la main à sept doigts

162 l'embrasse

163 le vieillard dans une rue déserte

164 il fait le guet au coin de la rue revolver au poing

165 passe un jeune homme

166 sous la menace du revolver il lève les bras

167 le vieillard lui passe sa barbe son crâne son parapluie
lui ordonne de partir

168 tête du vieux sur le corps de l'homme qui part

169 le vieillard commence à courir dans la nuit (flou)

170 il s'arrête devant un miroir

171 dans le miroir la tête du nègre clignant de l'œil

172 il sort son revolver de la poche et tire sur le miroir

173 dans le miroir on le voit tomber

174 plusieurs coqs — en fondu sur fondu — sur plusieurs tables
de nuit

Achevé d'imprimer
le 1er avril 1928
par
Robert
Baze
à
Paris
45, rue de Maubeuge

www.ingramcontent.com/pod-product-compliance
Ingram Content Group UK Ltd.
Pitfield, Milton Keynes, MK11 3LW, UK
UKHW020347220726
13923UKWH00004B/1577